ENTRETIENS FAMILIERS

DE

DROIT ÉLÉMENTAIRE

AUX CONFÉRENCES MENSUELLES

DE LA

Société de Secours mutuels de Saint-François-Xavier

A SAINT-GERMAIN-EN-LAYE

PAR

AMÉDÉE SIBIRE

L'un des Vice-Présidents de ladite Société, Membre honoraire de la Société Philadelphique de Saint-Germain, Président de l'Association des Anciens Élèves du Lycée Bonaparte, Juge de Paix suppléant et Avoué à Paris.

PREMIER ENTRETIEN

Suivi de Considérations sur l'utilité d'introduire les Éléments généraux du Droit dans les Colléges.

SAINT-GERMAIN-EN-LAYE

IMPRIMERIE ET LIBRAIRIE DE H. PICAULT,

Rue de Paris, 27.

1863

AVERTISSEMENT.

L'auteur a voulu démontrer dans cette publication qu'en vulgarisant les notions élémentaires du droit, on accomplit une œuvre d'utilité générale, il prétend établir que, sous la condition de tenir compte des positions et du degré d'instruction, toutes les classes de la société, aussi bien dans les écoles primaires, au sein des sociétés d'assistance mutuelle que dans les lycées, doivent être également favorisées, doivent avoir une part proportionnelle dans le bienfait commun.

ENTRETIENS FAMILIERS

DE

DROIT ÉLÉMENTAIRE (*).

SOCIÉTÉ DE SAINT-FRANÇOIS-XAVIER

SOCIÉTÉ DE SECOURS MUTUELS DE SAINT-GERMAIN-EN-LAYE.

Séance du 14 Juin 1863.

MES CHERS AMIS,

Je viens solliciter votre approbation pour une idée que je nourris depuis longtemps et que j'aimerais réaliser avec votre concours.

A la différence de l'animal qui n'a d'autre règle qu'un instinct aveugle et fatal et qui, par suite, est irresponsable de ses actes, l'homme, en ce monde, est soumis à diverses règles qu'il peut respecter ou violer ; il a le don de volonté en partage, il a le pouvoir de bien ou mal faire : mais, soit dit chemin faisant, cette liberté même du mal est un privilége inestimable ; sans elle, en effet, nous n'aurions pas, pour nos bonnes actions, le témoi-

(*) Les entretiens ultérieurs seront publiés dans le même format.

gnage de notre conscience, l'amour et l'estime de nos semblables, indépendamment de cette récompense suprême qui nous est promise au delà du tombeau.

Parmi les règles qui nous gouvernent, les plus essentielles, les plus importantes, émanent directement de Dieu, la Religion nous les enseigne, nous les trouvons dans notre cœur, dans notre conscience, parce que Dieu les a attachées à notre nature.

Mais les autres règles ne nous apparaissent pas avec la même clarté, avec la même évidence ; ces règles n'ont pas le même caractère d'universalité, elles proviennent des nécessités de la vie en société, sont l'œuvre de l'expérience des siècles, et varient d'ailleurs suivant les climats, les régions, les formes de gouvernement et le degré de civilisation.

Aussi les appelle-t-on souvent et les appellerai-je *lois humaines*, par opposition aux *lois divines ou naturelles*.

L'ensemble de ces lois humaines s'appelle généralement le *droit*.

Hé bien ! j'ai été souvent frappé de l'ignorance dans laquelle nous étions, presque tous, plongés sur les points les plus élémentaires du droit, et cela, à tous les échelons de la société, aussi bien chez le riche propriétaire, le médecin, l'ingénieur, l'ecclésiastique, l'homme élevé aux dignités, que chez l'ouvrier ou le modeste cultivateur ; au moindre incident de notre existence, nous sommes embarrassés ; à la mort de nos parents, à la naissance de nos enfants, lors de notre mariage, lorsqu'il s'agit de l'administration de notre fortune, de la plus mince contestation avec un voisin, un patron, un débiteur ou un créancier, nous sommes dans les ténèbres ; impossible d'apprécier, de raisonner notre situation, nous n'avons même pas la langue du droit, et nous ne sommes pas plus aptes à discuter avec l'homme d'affaires que si nous parlions deux langues différentes.

S'il ne s'agissait que d'aller consulter autrui, nous en serions quittes pour un dérangement et un déboursé ; mais il faut faire une large part à l'imprévoyance qui est le fruit de notre ignorance. nous nous laissons surprendre par les événements, faute de pouvoir pressentir le danger qui est sous nos pas, la difficulté qui nous menace.

Quand le remède ne peut plus être apporté au mal, on vous répond : il est trop tard ; on vous dit : *Personne n'est censé ignorer la loi;* vous subissez alors la responsabilité, les conséquences de votre erreur.

Je veux vous montrer, par quelques exemples, où peuvent nous conduire notre imprévoyance, notre ignorance absolue des notions du droit.

Quand nous avons tracé ou fait tracer quelques lignes sur le papier pour nos dernières volontés, nous croyons avoir testé ; la mort nous enlève, et notre œuvre testamentaire ne sera pas respectée, parce qu'elle n'a pas la forme voulue.

Nous avons un billet dans les mains, nous le gardons, nous ne doutons pas un seul instant qu'il ne soit toujours bon ; le temps s'écoule ; nous sortons, un jour, de notre immobilité et nous réclamons notre créance ; voici le dénouement : le débiteur nous rit au nez, en nous opposant la prescription, parce que nous n'avons pas, en temps utile, rempli une formalité indispensable.

Votre débiteur vous consent hypothèque sur un morceau de papier que vous conservez avec soin dans votre tiroir ; vous dormez dans la plus profonde sécurité, un beau jour le journal vous réveille en vous apportant la nouvelle que votre débiteur a vendu son immeuble et en a touché le prix ; vous vous seriez cependant préservé de cette perte si vous aviez su que la loi entourait de certaines formes la constitution des hypothèques.

Vous héritez d'une personne, vous êtes alléché par la possession des valeurs que vous trouvez dans sa succession, vous en disposez sans souci des dettes qui peuvent exister. — Quelque temps après, un créancier se présente et vous demande son remboursement ; vainement lui répondez-vous que cette créance ne vous est point personnelle, que vous ne devez pas, au surplus, restituer une somme plus forte que celle que vous avez touchée ; hélas ! mes amis, regardez le revers de la médaille : vous avez fait acte d'héritier, vous continuez la personne du défunt, et par suite vous payez une créance qui sera, peut-être, double ou triple de ce que vous aurez recueilli dans l'héritage ; pour éviter cette catastrophe, une simple démarche suffisait, vous ne l'avez pas faite, tant pis pour vous, *personne n'est censé ignorer la loi.*

Vous perdez votre femme, elle vous laisse des enfants mineurs, vous restez bien tranquille ; pas d'inventaire ; pas de nomination de subrogé-tuteur, vous confondez votre patrimoine avec celui de vos enfants. A la majorité, vous leur offrez les 500 fr. ou les 1,000 fr. que vous avez reçus pour leur compte ; refus de leur part, parce que rien ne constate l'importance des recettes effectuées par vous ; de là des constestations, et, ce qui est plus grave, des chagrins et des dissentiments de famille.

Ces exemples, entre mille, ont suffi, je l'espère, pour vous montrer à combien d'écueils et de dangers nous expose l'ignorance du droit. Vous avez compris de quelle utilité est pour l'homme l'étude de la législation qui le régit.

Mais j'aperçois sur vos lèvres une objection ; vous me dites : vous nous rendez un mauvais service en nous signalant des périls que nous sommes dans l'impuissance de conjurer ; laissez-nous à nos instruments de travail et ne nous troublez point inutilement l'esprit en nous montrant un chemin que nous ne pouvons pas parcourir, en nous signalant des études auxquelles nous ne saurions nous livrer.

Je réponds, mes amis, à votre objection ; il ne s'agit pas de faire de vous des jurisconsultes, de remplacer l'avocat, l'avoué ou le notaire, de vous donner une science suffisante pour vous passer, dans toutes les circonstances, des conseils d'autrui ; vous avez surtout besoin de prévoir les difficultés, les dangers, pour ne pas en être victimes plus tard ; vous avez surtout besoin de savoir dans quels cas vous devrez vous adresser aux hommes d'affaires et de comprendre les avis que vous en recevrez.

Pour les notions élémentaires dont je désirerais ne pas vous voir privés, vous n'avez pas à ouvrir la collection si volumineuse des lois, ce serait une prétention souverainement ridicule de penser pour vous à une semblable tâche, il faut laisser ce rude labeur aux gens qui font de l'étude du droit une profession.

Vous atteindrez le but que vous vous proposez avec des notions générales sur les principaux faits qui affectent les personnes et les choses, toutes les dispositions de détail et d'application sont écartées pour se borner à un panorama rapide, à une série d'aperçus sommaires.

La connaissance de ces principes élémentaires vous suffira pour ne pas rester dans une inaction dangereuse et vous forcer à consulter, à propos et à temps, si vous êtes embarrassés.

Maintenant je conclus : Si j'ai réussi à ne pas trop vous effrayer de la perspective d'une initiation aux notions élémentaires du droit, voulez-vous de moi pour vous transmettre cet enseignement ? Seulement, je ne dois pas vous prendre en traître, je vous avertis que ce sera un peu long; nos conférences ne sont que mensuelles et je ne pourrai vous entretenir qu'une demi-heure ou trois quarts d'heure à chaque séance; en me resserrant dans les plus étroites limites, il me faudra au moins douze ou quinze leçons, c'est, en conséquence, un long bail que nous contracterons ensemble. J'aurai de plus à vous demander beaucoup d'attention ; en rentrant chez vous, vous devrez songer à ce que je vous aurai dit ; quand on vous a raconté une histoire intéressante, vous en conservez le canevas, la moralité, c'est assez; mais, ici, ce sont des dispositions nombreuses à retenir afin de les retrouver à l'occasion dans votre mémoire.

Si j'ai le bonheur d'avoir votre assentiment sur l'utilité et l'opportunité de ma proposition, je me mettrai à l'œuvre et poursuivrai courageusement une tâche que ma faiblesse me rendra épineuse, mais qu'allégera la conviction de vous être utile.

DE L'INTRODUCTION

DES ÉLÉMENTS GÉNÉRAUX DU DROIT

Dans le Programme des études universitaires.

En demandant que les matières de l'enseignement secondaire comprennent les notions élémentaires du Droit civil, administratif et criminel, nous ne nous dissimulons nullement l'objection première qui nous sera faite, et qui sera tirée de la multiplicité des sujets dont le programme de ces études admet déjà la nécessité et surcharge la mémoire des jeunes gens. Disons-le donc de suite, nous n'avons pas l'absurde prétention de remplacer l'Ecole de droit et de conférer un brevet de légiste à des jeunes gens encore barbouillés de vers latins et de thêmes grecs, nous voulons seulement qu'en 50 ou 60 leçons, au cours de la dernière année des études scolaires, on condense, suivant un programme tracé à l'avance, tous les grands principes de morale, de justice et d'utilité qui ont inspiré nos législateurs ; le texte de nos codes ne serait qu'accidentellement consulté pour éclairer la démonstration de ces principes ; après ces préliminaires, le professeur déroulerait devant les yeux de ses élèves des notions générales sur les principaux faits qui affectent les personnes et les choses, comme l'usufruit, la propriété, le mariage, les testaments, les obligations, les hypothèques, les crimes, les délits et les contraventions. Nous écarterions ainsi de l'enseignement toutes les dispositions de détail et d'application ; nous laisserions de côté tout ce qui se rattacherait à la mise en mouvement et à la sanction du droit, comme la procédure, l'instruction criminelle, l'échelle des peines, pour nous en tenir aux bases de notre édifice juridique. Ce serait un panorama rapide, une série d'aperçus synthétiques qui rempliraient, concurremment avec la logique et les mathématiques, la dernière année de nos études scolaires.

Notre proposition, ainsi définie et circonscrite, aura, nous l'espérons, perdu de son étrangeté ; nous pouvons nous avancer avec plus de confiance et tenter une justification de notre système.

Au frontispice de toutes les législations humaines, se trouve cet axiôme ou plutôt cette fiction :

« *Personne n'est censé ignorer la loi.* »

Cette fiction, il est impossible de la supprimer, d'y

renoncer, elle s'impose à nous comme une nécessité. Que nous fassions ou non de nos lois l'objet principal de nos études, l'instrument de notre carrière, quelle que soit la sphère d'activité de notre esprit, agriculteurs, médecins, ecclésiastiques, ingénieurs, militaires ou marins, nous sommes tous censés connaître la loi ; si nous la violons, nous en subissons la rigoureuse application, et, abstraction faite ici du droit naturel et primordial que Dieu et notre conscience nous révèlent, les erreurs de droit que nous commettons retombent de tout leur poids sur nous, faute de connaître les limites précises qui séparent ce qui est permis de ce qui ne l'est pas, faute d'avoir puisé à la source des principes fondamentaux qui régissent notre législation.

Nous avons les enseignements de la science, de la littérature et de l'histoire sur des points qui n'ont avec nous qu'une relation éloignée, indirecte ; et le droit, qui prend sa place dans tous les actes de notre existence, qui marche constamment à nos côtés, marque chacun de nos pas dans la vie, assiste à notre naissance, à celle de nos enfants, à notre mariage, à notre décès, le droit n'est pour nous qu'une lettre morte ! Bizarre anomalie, singulier presbytisme qui nous empêche de toucher du doigt ce qui est près de nous et ne nous fait apercevoir et rechercher que les objets éloignés de notre vue ! Avec l'initiation aux principes du droit, que de difficultés on s'épargne, que de piéges et d'embûches on évite ! Sans cette initiation, on marche dans les ténèbres quand il s'agit des choses qui se rattachent le plus étroitement, le plus intimement à ses intérêts personnels.

Répondons maintenant aux objections que nous pouvons prévoir.

Nous croyons avoir déjà répondu, chemin faisant, à la première de ces objections et à la principale ; le défaut de temps, pour les élèves, de s'occuper d'une nouvelle branche d'enseignement, lorsqu'ils ont à peine déjà le temps de prendre, de beaucoup d'objets reconnus nécessaires, autre chose qu'une faible teinture.

En effet, nous réduisons à soixante leçons le cours de droit que nous entendons leur faire suivre. Cent vingt heures d'une année scolaire peuvent bien être distraites en vue d'un enseignement aussi essentiel, aussi capital, que des notions générales sur ces innombrables lois qui nous régissent à notre insu et souvent à l'insu de ceux-là même qui sont chargés de les appliquer !

Dira-t-on maintenant que notre enseignement serait une superfétation pour tous ceux qui se présentent ensuite aux écoles de droit ? — On pourrait obvier à cet inconvénient en ne rendant pas cet enseignement obligatoire pour tous. Mais, supposez-le obligatoire, il aura encore son utilité, comme préparation à des études plus sérieuses, plus approfondies.

Renoncez-vous d'ailleurs aux mathématiques des colléges parce que vous devez entrer à l'École Polytechnique ou à l'École Centrale ?

Vous dispenserez-vous de l'étude des langues mortes, parce que, plus tard, vous devez y appliquer vos facultés à l'École Normale ?

Tout ce que nous apprenons au Lycée, n'est en réalité que la préface de ce que nous devons ultérieurement approfondir dans les diverses carrières que nous embrassons.

Mais nous apercevons une autre objection ; si elle était fondée, elle ruinerait complètement l'innovation que nous proposons. Comment pouvons-nous espérer nous conduire dans la vie, avec ces notions plutôt théoriques que pratiques, et dans tous les cas superficielles, que nous donnera un cours de soixante leçons ? A quoi nous servira cette lueur incertaine qui, nous éclairant mal, nous fera trébucher à chaque pas ? — Une demi-science n'est-elle point souvent trompeuse, et l'ignorance qui a besoin de l'appui d'autrui n'est-elle pas préférable ?

Voici notre réponse : Il est certain qu'après ces soixante leçons sur les généralités du droit, nous ne pourrons pas faire nos affaires nous-mêmes, l'aide du jurisconsulte nous sera le plus souvent nécessaire, mais nous y aurons gagné l'immense avantage de ne pas rester complètement étrangers à ce qui se passe autour de nous dans le cercle de nos intérêts privés. — Sans être en mesure de résoudre une question, nous en pressentirons l'existence et nous pourrons nous préserver d'un danger en cherchant les moyens de le conjurer, nous serons moins souvent surpris par les événements. — Nous aurons au moins appris à lire les formules du droit ; et les lois, les commentaires sur les lois ne seront plus écrits en caractères inintelligibles ; nous pourrons les consulter parce que nous pourrons les comprendre ; en rapport avec l'homme plus versé que nous dans la science du droit, nous discuterons ensemble parce que nous ne parlerons plus deux langues différentes.

Nous avons exposé notre plan avec l'ardeur d'une forte conviction; nous avons abordé sans crainte les objections qui pouvaient paraître en empêcher la réalisation, et notre foi est telle, que nous avons confiance dans le succès de nos idées, malgré l'inexpérience de tre plume et la faiblesse de notre argumentation. Si nous avons le bonheur de réussir et que notre voix soit entendue, nous rassemblerons toutes nos forces et nous publierons un livre qui donnera, avec tous les développements qu'il comporte, un projet de programme pour notre nouvel enseignement.

Lorsque notre ancien condisciple, M. Eugène Rendu, inspecteur général, émettait le vœu que des colléges internationaux fussent ouverts, il faisait naître en même temps dans notre esprit le désir ardent qu'une étude des *législations comparées* vînt compléter le programme de ces colléges. Nous osons prétendre que cette étude serait l'un des plus réels bénéfices d'une pareille institution, car elle tendrait à faire disparaître, avec le temps, de ces législations mêmes, certaines lois contradictoires qui, en dehors des préceptes éternels de la morale, ne servent qu'à diminuer chez les hommes le respect de la loi civile, en leur faisant dire : *Vérité en deçà des Pyrénées! Erreur, au-delà!*

Saint-Germain. — Imprimerie H. Picault. (947)

www.ingramcontent.com/pod-product-compliance
Lightning Source LLC
Chambersburg PA
CBHW071448060426
42450CB00009BA/2339